Que la douceur imprègne ton âme

Que la douceur imprègne ton âme

Lilya B.F

ISBN :9798353952688

À toutes mes sœurs en Allah, ce livre est
pour vous.
Vos sœurs vous dédient ces quelques mots.

Ce livre a été relu par deux étudiants en science, souhaitant rester anonymes, qui suivent le quran ainsi que la sunna du prophète ﷺ selon la compréhension des pieux prédécesseurs.

Ils affirment qu'il n'y a pas d'erreur de croyance (Aqida) ni quelconque ambiguïté dans ce livre. Ainsi, il n'est pas déconseillé à la lecture.

Je me désavoue de toute mauvaise compréhension de la part du lecteur.

Que Le Seigneur les récompenses en bien.

Salam aleykoum wa rahmatoullahi wa barakatouh
Que la paix, la miséricorde et la bénédiction d'Allah soient sur vous.

Souvent, nous avons besoin de conseils.
Cependant, personne ne prend le temps de nous les prodiguer.
Ce livre veillera à vous apporter ce que nous aurions tant aimé recevoir.
Que cette lecture soit aussi douce que vos cœurs.

Qu'Allah vous préserve et vous aime.

Peut-être écrivons-nous parce que là, se trouve l'unique moyen que nous avons trouvé afin de nous exprimer et de conter nos peines.
Sous forme d'anonymat, peut-être parce que nous avons honte de ce que nous sommes ou de ce que nous avons vécu...

Nos récits constituent notre échappatoire quand bien même nous faisons partie d'une large communauté.
L'entraide est belle, mais elle l'est encore plus pour Sa face.

Posons nos plumes et nos feuilles puis, le temps d'un instant, regardons-nous, écoutons-nous et conseillons-nous, car certes,
Sa parole ne manque pas de conseils pour celui qui sait tendre l'oreille.

Fraternellement, S.

Ne laisse pas la noirceur des autres assombrir ton cœur.
Tâche de toujours faire preuve de gentillesse et de bienveillance envers autrui.
Le bien que tu fais te reviendra certainement.
Ainsi, ta bonté ne cessera de t'illuminer.
Que la douceur imprègne ton âme et fasse de toi une femme au grand cœur.

Ne désespère pas de Sa miséricorde.
Ton comportement remarquable aura une récompense à la hauteur de tes efforts in shaa Allah.

Que Le Seigneur des mondes fasse de toi une femme pieuse.
آمين

Préserve-toi ma sœur.
Fais preuve de pudeur, de chasteté et de discrétion.
Ainsi, ta valeur augmentera considérablement.
Ne t'expose pas aux yeux de tous.
Tu n'as aucunement besoin de l'avis d'autrui pour mesurer ta valeur.
Ce qui importe, c'est Son jugement, car Il te regarde constamment.

Tes actions et ce qui se trouve dans ton cœur ne Lui échappent nullement.
Tâche de Lui faire honneur, soumets-toi à Lui.
Respecte Ses ordres, car tout ce qui nous est convenu de faire est uniquement pour notre bien.

As-tu déjà vu un bijou être exposé aux yeux de tous sans protection ?

Tu es une pierre précieuse qu'il ne faut cesser de préserver et de protéger.

Qu'Allah Le Très-Haut te place sous Sa protection.
آمين

Se rappeler constamment « qadar Allah » dans chaque situation est indispensable dans la vie de chaque croyant.
La peur ne doit pas entacher la continuité de ton existence.
Tant que tu as Le Seigneur de l'Univers dans ta vie, tu n'as rien à craindre.
Place ta totale confiance en Lui, car Ses décisions sont toujours justes.
Cette vie d'ici-bas sera plus simple et sereine à vivre et ton destin plus facile à accepter.

Ne laisse pas le sheytane te détourner de cette merveilleuse relation que tu as avec ton Seigneur. Tu es bien plus forte que tu ne le penses !

P-S : N'oublie pas de toujours effectuer tes invocations du matin et du soir afin de te protéger de tout mal in shaa Allah. Bien évidemment, ce ne sont que des causes...

Cesse de retenir dans ta vie les personnes qui ne veulent plus en faire partie.
L'amour ne suffit pas, et ce, dans toutes les relations... D'autant plus en amitié.
Tu dois parcourir ton chemin uniquement en présence de personnes qui te portent du respect, de l'estime, de la considération, de l'attention et ainsi de suite.
Entoure-toi d'âmes qui se préoccupent vraiment de ton bien-être, d'âmes qui prennent soin de toi, d'âmes qui contribuent tout simplement à ton bonheur et à ton épanouissement.

Sois consciente de ta valeur et ne laisse personne te convaincre du contraire.
Prends soin de cette âme qui appartient à notre Seigneur, car c'est vers Lui que tu retourneras.

Qu'Allah fasse de toi une femme douée de raison avec un cœur immense.
آمين

Ne laisse pas le chagrin, aussi douloureux soit-il, t'éloigner de ton Seigneur.
Sers-toi de cette épreuve pour te rapprocher et t'accrocher à Lui.
À la fin, Il est Le Seul qui restera toujours là.
Ne place donc tes espoirs qu'en Lui.
Il ne te décevra jamais.
Le sheytane aime la tristesse du croyant.
Fais donc preuve de courage et combats-le.
Le chagrin s'estompera avec le temps et la patience, ne t'en fais pas.
Tout est éphémère dans cette vie d'ici-bas.

Aujourd'hui tu pleures, demain tu souriras, n'aie pas peur de ce qui adviendra, car Il est avec toi.

Qu'Allah apaise ton cœur et y fasse régner la douceur et la paix.
آمين

Ne te lasse jamais de pardonner,
car tu le fais pour toi-même avant tout.
Cela te permettra d'être enfin en paix avec
toi-même ainsi qu'avec les autres.
Cela t'éloignera de toutes les mauvaises choses
que les querelles provoquent.
Pardonne. Et ce, même si on t'a brisé le cœur.
Ne laisse pas le chagrin ou une blessure
t'enchaîner à cette rancune et cette envie de
vengeance.
Délaisse tout cela.
Remets-t'en à Allah et pardonne.
Cela ne veut pas pour autant dire oublier, ni
reproduire certaines erreurs.

C'est un bien pour toi, crois-moi.

*Qui sommes-nous pour ne pas pardonner alors
que Le Très-Haut ne cesse de le faire et d'être
Clément envers nous ?*

*Qu'Allah te permette de pardonner à tous ceux qui
t'ont fait du mal, afin que la paix règne dans ton cœur.*
آمين

N'expose pas ta tristesse au monde entier,
car cette même tristesse doit être préservée afin de ne pas être utilisée.
Ne donne pas l'opportunité aux personnes malveillantes d'avoir une arme contre toi.
Tu as près de toi la meilleure écoute possible, puisque Allah t'entend.
Il est avec toi et le sera toujours.
Écoute Ses paroles qui sont aussi douces que le miel afin d'apaiser ton cœur.
Confie-toi à Lui, Il est Celui qui soigne les peines.

Patience, ô âme tourmentée !
Tout finit par s'estomper et s'arranger avec le temps, même les plus grandes blessures qui soient.
N'oublie pas que dans la difficulté se trouve une facilité.
Fais-Lui confiance, Il ne te décevra jamais.

Qu'Allah t'accorde la patience nécessaire pour surmonter tes épreuves.
آمين

« Pendant très longtemps, j'ai eu cette impression que la tristesse ne me quitterait jamais et que le bonheur ne voulait pas de moi. »

Si tu te trouves dans cette même situation, sache que plus tu te rapprocheras de ton Seigneur et plus tu apercevras le côté positif des épreuves.
En espérant profondément que ce soit une expiation du péché.

L'humain doit s'efforcer d'être optimiste, se dire qu'il aura une fin heureuse sûrement par la cause de toutes ces épreuves très difficiles.

Allah éprouve ceux qu'Il aime.
Il faut toujours s'en remettre à Lui, placer sa confiance en Lui et œuvrer constamment dans le bien.
La fin heureuse est proche chère sœur, in shaa Allah.

Que Le Très-Haut nous facilite.
آمين

Il t'est sûrement déjà arrivé de te réveiller un matin avec cette sensation de vide profond.
Ne ressentir aucune émotion, n'avoir envie de rien, seulement de dormir, comme si la vie n'avait plus de saveur et ne valait plus la peine d'être vécue...
Dans ces moments-là, veille à te raccrocher à Allah de toutes tes forces.
Fais de la prière ton refuge et ne cesse jamais de demander à notre Seigneur de te faciliter.
C'est un sentiment passager qui disparaîtra totalement avec le temps.

Alors, n'aie pas peur. Tout finira par s'arranger, il suffit juste de patienter un peu...

Qu'Allah augmente ta patience et apaise ton petit cœur.
آمين

Les épreuves sont douloureuses.
Elles font mal et poussent à creuser au plus profond de soi.
Lorsque les larmes ne cessent de couler,
Que le cœur est brisé,
Que la délivrance se fait espérer,
Allah est là.

Les épreuves sont douloureuses, mais les épreuves sont nécessaires.
Parce qu'après elles, nous serons plus fortes.
Parce qu'après elles, nous serons plus avisées.
Parce qu'après elles, nous irons mieux et ferons mieux.

Que Le Seigneur des mondes nous accorde une issue favorable à nos épreuves.

Fraternellement, S.

Que le Très Miséricordieux apaise tes plus profondes blessures et qu'Il en fasse une force pour ton âme afin de surmonter les épreuves.

آمين

Ma douce sœur,
Toi qui cherches à te marier,
Sache qu'il est important de bien choisir son partenaire. Choisir la personne qui sera la plus apte à t'écouter, à te comprendre, à subvenir à tes besoins et à te pousser vers le haut sur tous les points de la vie.
Que cette personne ne souhaite que t'aider à te rapprocher d'Allah, ensemble vers le chemin du Paradis.

Il est important que tu choisisses un homme qui est apte psychologiquement à prendre soin de sa femme et s'occuper de son foyer.
Un homme qui a le sens des responsabilités, mature et sérieux.
Sois consciente que se marier n'est pas un jeu !
Tout ton futur en dépend, puisqu'un foyer va se construire suite à cela...

Se marier, c'est se donner totalement à cette personne qui va désormais partager ta vie.
Pour nous les femmes, le mari est celui qui va reprendre cette « éducation religieuse », celui sur qui nous allons désormais nous reposer, celui qui va nous conseiller et nous cajoler.
Il sera un des piliers de notre vie ainsi que de notre foyer.

Choisis l'homme pieux, car si Allah est présent dans son cœur, il veillera toujours à remplir ses devoirs envers toi, comme toi envers lui.

Qu'Allah t'accorde une moitié pieuse qui sera une cause de ton entrée au Paradis.
آمين

Ne délaisse pas le mariage, ô douce sœur.
Il se peut que certaines personnes de ton entourage aient vécu de mauvaises expériences, c'est tout simplement le destin et il faut l'accepter.
Le mariage a des bienfaits indénombrables.
Parmi eux : le repos, l'apaisement auprès de sa moitié et l'éloignement des tentations et des interdits.
Lance-toi et ne crains rien tant que tu places ta confiance en Lui.
Il veillera à t'accorder ce qu'il y a de mieux pour toi.
Tout ce qui en découle sera pour ton bien.
Même si parfois ce qui se passe nous déplaît, il y a toujours un bien derrière. N'en doute jamais.

Qu'Allah te facilite le mariage.
آمين

Pour toi ma sœur-épouse,
Les difficultés qui surviennent au cours du mariage sont totalement normales.
Lorsqu'on se marie, chacun doit avoir cette maturité de se dire qu'on passera au-dessus des défauts de notre conjoint.
Il faut parfois accepter de passer par des malentendus, des disputes et des différences.
Cependant, il faut veiller à garder en tête le bien qui découle du mariage et faire abstraction de ce qui est mauvais.

À partir du moment où ton conjoint adopte un bon comportement la quasi-totalité du temps, montre-toi patiente et endurante.
Le mariage n'est pas une chose simple.
Il se peut que des doutes surviennent et parfois même, des regrets, mais on finit toujours par se sentir heureuse et reconnaissante.

Le mariage parfait n'existe pas.
Tous les couples passent par des moments difficiles.

Le plus important est d'en sortir plus forte et d'être consciente que ces épreuves sont un bienfait afin de renforcer le lien qui unit les amoureux, et d'éprouver de la gratitude envers le Seigneur pour s'être trouvés.

Qu'Allah nous facilite le mariage et apaise nos relations.
آمين

Tu aimes être seule, mais te sentir seule te rend profondément triste.
Il est certes très important d'avoir une personne dans sa vie qui veille réellement à t'écouter.
Se décharger par la parole est une nécessité.
Bien évidemment, Allah est constamment avec nous, mais l'être humain n'est pas fait pour vivre éternellement seul.

Patience et espoir.
Un jour, Il t'accordera cette personne qui sera une cause d'apaisement dans cette vie d'ici-bas.
Il t'accordera cette âme qui veillera à te faciliter tes épreuves par Sa volonté.

Remets-t'en complètement à Lui, Il exaucera tes souhaits in shaa Allah.

Qu'Allah te l'accorde.
آمين

Sache qu'aucune blessure n'est irréparable.
Par la volonté du Tout-Miséricordieux, tout se guérit, même les plus grandes peines que tu as vécues.
Ne perds pas espoir quant à la guérison de ton cœur et la cicatrisation de tes blessures.
Invoque-Le.
Il t'écoute et Il t'exaucera certainement in shaa Allah.
Certains cœurs sont plus sensibles et plus éprouvés que d'autres, mais tous les cœurs appartiennent à Allah.

Comment peut-on se permettre de ne pas en prendre soin ?

À toi de faire en sorte de préserver ce précieux cœur qu'Il t'a accordé.
Éloigne-toi de ce qui pourrait te blesser et faire de toi une âme tourmentée.
Préserve-toi ma douce sœur, comme tu aurais préservé ton enfant de tout mal.

Qu'Allah te mène sur le chemin de la préservation et t'éloigne de tout mal.
آمين

Veille à toujours avoir des pensées positives
et à être optimiste en toutes circonstances.
Cela t'aidera certainement à mieux supporter les
épreuves de la vie.
Après la difficulté, se trouve la facilité, ma douce.
Efforce-toi de garder précieusement en tête tous
les moments qui te font sourire et qui te
permettent de mieux appréhender les difficultés
de cette vie.

Prends le temps d'apprécier véritablement les
moments et les choses qui te font du bien, tout
cela est si précieux...

Qu'Allah t'éloigne du pessimisme.
آمين

La mort ne prévient pas, mais Le Très-Haut nous a prévenus.

Qu'attendons-nous pour revenir vers Lui ?

Réformons nos âmes tant qu'on le peut.

Que le Très Haut nous accorde la patience nécessaire pour surmonter nos épreuves.

آمين

Ne perds pas ton temps à courir après ce qui ne t'est pas destiné.
Ce qui t'appartient, te reviendra de droit.
Allah n'est pas injuste et Il n'aime que le bien pour Son serviteur.

Comment peux-tu ne pas Lui faire confiance lorsqu'Il retire de ta vie ce qui est mauvais pour le remplacer par un bien ?

Ce même bien, tu ne le verras pas forcément sur le coup, mais avec du recul et du temps, tu t'apercevras de la sagesse de Ses décisions.

*On dit souvent qu'Allah te brise le cœur pour sauver ton âme d'un plus gros désastre.
Sobhhan'Allah ! N'est-ce pas en fin de compte merveilleux ?*

Qu'Allah remplisse ton cœur d'amour et de confiance en Lui.
آمين

Sois constamment reconnaissante envers ton Seigneur pour tous les biens qu'Il t'octroie.
Certains sont morts avant d'avoir pu l'être, n'attends pas qu'il soit trop tard.
Il faut que la crainte d'être ingrate fasse totalement partie de toi, cela t'empêchera de l'être.
Ne cesse jamais de Le remercier et rappelle-toi de toutes les invocations exaucées par Sa Grâce.

N'est-ce pas extraordinaire ?

Al hamdûlillah

Qu'Allah t'éloigne de l'ingratitude.
آمين

Il se peut que tu souffres en silence, loin du regard des autres, dans l'ignorance de tes proches.
Mais ton Seigneur sait ce qu'il y a dans ton cœur, Il est le Seul à connaître l'étendue et la profondeur de ta tristesse.
N'hésite pas à te confier à Lui, délaisse les créatures pour le Créateur.
Il est Celui qui mettra du silence dans le brouhaha assourdissant de ton cœur.
Il ne t'abandonnera pas, n'aie pas peur.
Il est ta plus fidèle compagnie et le restera tout le restant de ta vie.

Ton cœur s'apaisera à l'écoute de Ses douces paroles. Délaisse et remplace l'écoute de la musique par le Coran, c'est un véritable remède.

Qu'Allah expie tes péchés à travers ta tristesse.
آمين

Ma douce,
J'aimerais te conseiller de veiller à avoir cette volonté d'apprendre constamment.
Que ce soit religieusement parlant ou autrement.
Sois curieuse, entretiens ta créativité et ton intelligence, deviens inspirante à ton tour !
Tu te sentiras un peu moins vide, un peu plus complète.

N'aie pas peur d'être ambitieuse tant que tes projets sont légiférés.
Ne laisse personne te freiner dans tes ambitions et te faire croire qu'évoluer est mauvais.

Je t'encourage à poursuivre tes rêves si tu en as la capacité et à dépasser tes limites.
Tout ce qui est un bien pour toi, ton Seigneur te le facilitera.

Qu'Allah te facilite cet épanouissement.
آمين

Ne sois pas effrayée de te séparer des personnes qui ne t'apportent nul bienfait.
Ces âmes qui ne t'apportent aucun bienfait que ce soit spirituel, psychologique ou humain, ne doivent tout simplement plus t'accompagner.
Il est nécessaire qu'une amitié soit enrichissante, bénéfique et réciproque.
Autrement, la solitude est plus sûre et devient la meilleure des compagnies.

Fais le bon choix car tes amitiés t'influencent et te représentent.

Qu'Allah t'accorde un entourage de qualité.
آمين

N'essaie plus de vouloir changer les autres.
Nulle âme n'est en mesure de le faire si ce n'est pour elle-même.
Tu pourras uniquement contribuer à ce changement.
De même que tu ne peux guérir une personne, mais seulement contribuer à sa guérison.

Concentre-toi sur le changement que tu peux effectuer sur toi-même.
Accepte autrui, comme tu aimerais qu'il t'accepte.

Qu'Allah te facilite l'assimilation de cela.
آمين

Ma douce,
Un homme qui s'occupe convenablement de son épouse, qui veille à prendre soin d'elle, à satisfaire ses besoins, à lui apporter son écoute et ses conseils n'est pas un mythe.

Il suffirait de te diriger vers un homme pieux qui craint véritablement son Seigneur et qui souhaite le meilleur pour son foyer.
Ainsi, si la base de votre relation est la religion, elle ne peut qu'être bénéfique pour l'un comme pour l'autre.
Chacun souhaitera l'épanouissement de l'autre et fera tout pour que l'époux/épouse soit satisfait(e) afin de se retrouver au Paradis.

Al hamdûlillah, quelle ni'ma n'est-ce pas ?

Ce qu'il en adviendra relève cependant du Destin et sois certaine que la décision de ton Seigneur demeure toujours la meilleure.

Qu'Allah t'accorde un mari pieux qui prendra soin de toi.
آمين

Ma précieuse sœur,
Je te souhaite sincèrement de connaître le véritable amour, celui qui naît d'une relation pleinement légiférée.
Ne perds pas patience, ta moitié finira par se manifester et parfois, au moment où tu t'y attends le moins, ce qui te surprendra certainement.
Je te souhaite de t'épanouir à travers cette union qui complétera la moitié de ta religion.
Ne te précipite donc pas, ma douce,
les âmes sœurs finissent par se retrouver lorsqu'elles savent s'attendre.

صبر

Qu'Allah fasse de cette union un total bonheur.
آمين

Ne laisse personne se mettre entre ton Seigneur et toi.
S'il y a bien une relation qu'il faut préserver, c'est celle-ci.

Comment peux-tu permettre à quelqu'un de t'éloigner de Celui qui dirige ton cœur ?

N'aie pas peur de délaisser les relations qui t'éloignent de Lui ou qui t'empêchent de te rapprocher de Lui.
Ce n'est nullement une perte, car les âmes souhaitant sincèrement ton bonheur, ne feront que te guider vers Lui.

Tu seras sûrement éprouvée par cela au cours de ton existence, mais sois forte.
Ton Seigneur passe avant toute chose.

Qu'Allah t'aide à t'éloigner des mauvaises personnes.
آمين

Ma douce,
Ne sois pas effrayée par l'échec.
Tes objectifs prendront le temps qu'il faut pour se concrétiser.
Ce qui compte, c'est que tu persévères en te munissant de patience et d'optimisme.
Ne te pose pas mille questions et fonce.
L'action est nécessaire pour arriver à de beaux résultats.
Tu y arriveras avec l'aide d'Allah in shaa Allah.
Il est le soutien indispensable qu'Il te faut,
tu n'as pas besoin de l'approbation d'autrui pour poursuivre tes rêves.

Que Le Tout-Puissant réalise tous tes souhaits s'ils sont un bien pour toi.
آمين

Ma douce ukht,
Veille à prendre constamment soin de la perle que tu es, car les diamants ont besoin d'être chouchoutés.
N'attends pas d'être au bout du rouleau pour commencer, cela serait une grande erreur.

Ne mets pas en sourdine tes émotions et ce que ton corps souhaite te communiquer.
Prends le temps d'écouter ce qu'il se passe en toi.
Prends le temps de faire une pause afin de te recentrer sur toi-même.
Prends le temps de te couper du monde afin de te ressourcer.
Ne te néglige pas.
Tu es la principale responsable de ton bien-être physique et psychologique.

Qu'Allah prenne soin de toi.
آمين

Ô toi ma sœur hypersensible,
Parfois, tu as l'impression que tout s'écroule autour de toi lorsque l'émotion paraît intense et ingérable.
Ne sois pas déboussolée par cela, mais continue de travailler sur toi-même et tu finiras certainement par réussir à contrôler tes réactions.

N'écoute pas ceux qui diront que tu es « anormale », car ce n'est pas le cas.
Ta différence sera toujours une grande et honorable qualité, mais avant tout une force.
Ton hypersensibilité n'est pas ta faiblesse, peu importe ce que les autres pensent.
C'est un cadeau de ton Seigneur qui te réservera de belles surprises au cours de ta vie.
À toi de changer cette vision néfaste pour en ressortir plus forte que jamais.

Qu'Allah te facilite.
آمين

Ne perds pas ton temps dans des futilités, le temps ne cesse de défiler.
Chaque jour que ton Seigneur fait peut être le dernier, alors ne gaspille pas ce qu'il te reste à vivre pour des choses qui n'en valent nullement la peine.
Sois consciente de cette chance qu'Il t'accorde de pouvoir vivre un jour de plus.
Un jour de plus pour Le louer et L'adorer.
Un matin, une journée, un soir supplémentaire afin de profiter de la présence des âmes que tu chéris.
Repens-toi à Lui, ne te lasse pas de Lui demander pardon.
Ton retour sera certes vers Lui.

Qu'Allah nous permette d'avoir conscience du caractère précieux du temps.
آمين

Ma douce,
Se lancer dans une relation d'amour illicite en pensant qu'elle aboutira à un certain bonheur n'est qu'une illusion du sheytane afin de t'emmener vers la destruction de ton cœur.

Combien de cœurs ont fini brisés suite à ce genre de relation ? Ils sont indénombrables.

Lorsque ton Seigneur t'interdit une chose, c'est qu'elle comporte un mal pour toi.
Ton âme sœur te trouvera au bon moment, ne te précipite pas.
Les cœurs faits pour être ensemble,
Allah les réunira.
Il te suffit de faire confiance à ton Créateur et de patienter le temps qu'il faut.
Ce qui est à toi, te reviendra de droit, n'en doute pas.

Qu'Allah t'accorde la patience nécessaire et qu'Il vous réunisse.
آمين

Ne laisse pas les ruminations mentales te tuer à petit feu et faire de toi qu'une ombre de toi-même.

Peu importe les regrets ou les remords qui te hantent, choisis de te confier à ton Seigneur et vide ton cœur de toutes ces mauvaises pensées.
Il est Le Seul capable de t'apaiser.
Seulement, tu dois placer ta confiance en Lui et faire les causes pour qu'Il te vienne en aide.
Il faut que tu croies en Lui, en Ses capacités, en Son pouvoir.
Il ne souhaite qu'une chose, c'est que tu te rapproches de Lui à travers cette épreuve.
Ne laisse pas le sheytane t'assombrir et te faire désespérer de la Miséricorde de ton Créateur.
En ayant Allah dans ta vie, en étant reconnaissante de cette chance de L'avoir, la délivrance ne tardera pas à se manifester.

Qu'Allah fasse de toi une femme totalement épanouie et apaisée.
آمين

Parfois, il t'arrive d'avoir l'impression que ton existence est vaine, que vivre n'est que synonyme de malheur et de tristesse.
Tu as peut-être déjà tenté de mettre fin à tes jours car la douleur était insoutenable.
Les larmes ne sont pour toi plus d'aucune utilité, pleurer est une habitude quotidienne.
Tu te sens faible, impuissante, désemparée, incomprise, mais surtout très seule.

Sache qu'Allah n'impose aucune charge supérieure à ton âme.
Sais-tu ce que cela signifie ?

Que tu es une battante, une femme forte, n'oublie pas que tu as la meilleure des armes afin de lutter et de combattre ces mauvaises pensées.
Ton arme, c'est ta religion. C'est l'Islam.
Allah est avec toi ma sœur.

Allah ne t'a pas abandonnée. Il est Le Seul qui ne te laissera jamais tomber.
Tu ne seras jamais seule, car Il est constamment avec toi.
Il t'écoute, Il connaît ce qui se trouve dans ton cœur, Il n'attend qu'une seule chose, c'est que tu t'en remettes à Lui.

Ta vie n'est pas vaine, ma douce. Tu as été créée pour adorer Ton Seigneur.
Concentre-toi sur cette tâche et délaisse tout ce qui est source de malheur.
Éloigne-toi de tout ce qui te cause de la peine, de tout ce qui est toxique et malsain pour ton âme.

N'aie pas peur de délaisser ce qui cause ton désespoir et toute chose qui ne t'est pas bénéfique.
Tu dois être bienveillante envers toi-même et prendre soin de ce cœur que ton Seigneur t'a offert.

Maintenant que tu sais que tu n'es pas seule, qu'Il te comprend et qu'Il t'aime, à ton tour de L'aimer en retour.
Toute la peine que tu ressens se dissipera peu à peu avec le temps.
Courage ma sœur, ce n'est qu'une question de temps afin que ton âme se décharge.

Qu'Allah purifie ton cœur, qu'Il te rapproche de Lui et qu'Il t'éloigne de tout ce qui t'est néfaste.
آمين

Ne laisse pas la douleur du passé ainsi que
l'appréhension du futur paralyser ton présent.
Ce qui importe, c'est l'instant présent.
Tu ne peux agir en dehors de ce moment-là.
Tu n'as pas ce pouvoir, ton Seigneur t'apaisera.

À toi de faire en sorte de prendre les bonnes
décisions afin que les erreurs passées ne se
reproduisent plus.

Ton futur dépend de ton présent, il faut que tu
focalises toute ton énergie sur l'instant présent.
Et ne t'inquiète pas, Ton Seigneur est avec toi,
Il t'assiste et ne te délaissera pas.

Qu'Allah apaise tes douleurs et tes appréhensions.
آمين

Souvent, on fait tout ce qui est en notre pouvoir pour sauver nos relations.
On donne tout ce que l'on peut, on accomplit tous les efforts nécessaires, mais cela reste insuffisant.
C'est à ce moment précis qu'il faut accepter la situation afin de ne pas s'éterniser.
Lorsque c'est la fin d'une relation, rien ne peut y changer, qadar Allah.

Ne t'afflige pas.
L'acharnement et la persévérance ne sont pas vraiment opportuns dans cette situation.
Cela revient à s'épuiser pour une cause perdue.

Si une relation doit se finir, c'est pour une bonne raison malgré toute la peine que cela te causera.
Tu seras triste, parfois nostalgique, mais veille à ne retenir que les bons moments pour que le souvenir de cette relation reste agréable.
N'oublie jamais qu'Allah ne souhaite que ton bonheur. Toutes Ses décisions sont un bien pour toi.

Qu'Allah nous facilite nos séparations avec Ses créatures.
آمين

Ma douce,
Veille à être davantage une oreille attentive plutôt qu'une bouche bavarde.
Nos relations sont trop souvent basées sur l'égoïsme. Nous parlons plus que l'on écoute.
Nous avons chacun la capacité d'aider à améliorer la santé psychologique de notre prochain.
Il suffit de quelques paroles pour un semblant de bonheur lorsque tout notre monde s'écroule.
Un compliment, une douce parole…
Montre-toi tendre, gentille, douce et agréable, c'est contagieux. On le sera en retour avec toi.

Et surtout, n'oublie pas de sourire. Cela n'a jamais tué personne et c'est même une sunna !

Qu'Allah adoucisse nos relations avec nos proches et nous rapproche d'eux.
آمين

À toi ma douce qui souhaite te marier,
L'attente te paraît interminable et le temps si long. Ton Seigneur a certes un plan pour toi.
Tout arrive au bon moment et les meilleures choses prennent du temps.
Ne désespère pas et fais-Lui confiance.
La délivrance est certainement proche.

Ne te soucie pas du temps que cela peut prendre, car il n'y a pas d'âge pour se marier.
Cela prendra le temps qu'il faudra et lorsque cela arrivera, tu pourras pleinement savourer ce moment tant attendu.
Ne crains rien. Ton âme sœur, celle qui complétera ta religion, a déjà été écrite pour toi.
Ce qui t'est destiné te reviendra de droit.
Patiente et invoque ton Créateur pour qu'Il vous réunisse.

Les âmes sœurs finissent par se retrouver lorsqu'elles savent s'attendre, n'est-ce pas ?

Qu'Allah vous facilite cette attente et vous réunisse.
آمين

Ton âme n'est que passagère dans ce bas monde. Ton enveloppe corporelle n'est destinée qu'à revenir vers son Créateur.

Es-tu prête à Le rejoindre ?

Car la mort n'attend pas, elle surgira que tu sois prête ou non.
Prépare ta tombe, nulle âme n'assumera tes actions à ta place.

Tu as des comptes à Lui rendre, en as-tu conscience ?

N'attends pas qu'il soit trop tard pour ordonner le convenable et réprimander le blâmable.
Il est dit que ce bas monde est la prison du croyant et le Paradis du mécréant.

De quel côté te trouves-tu ?

Que Le Très-Miséricordieux te permette de faire les bons choix qui te rapprocheront de lui.
آمين

Aucune épreuve n'est insurmontable,
ton Seigneur ne t'imposera jamais une charge supérieure à ta capacité.

Ton existence ne cessera d'être semée d'embûches afin que tu te rapproches de Lui.
Chaque épreuve que tu rencontreras a pour but de te rapprocher de Lui.
Ne Le déteste pas, car Son unique objectif est que Ses créatures se retrouvent au Paradis.

Les croyants ne cesseront d'être éprouvés afin de gagner le Firdaws, comment veux-tu avoir ce mérite sans faire tes preuves ?

Accroche-toi à Lui, et espère la fin heureuse accompagnée de tes proches aux jardins d'Eden.

Que Le Créateur des mondes t'accorde Son Paradis.
آمين

Douce âme,
La délivrance arrivera certainement au moment où tu t'apprêtes à capituler.
Il s'agirait de patienter encore quelques instants.
Le repos est proche.
Ton endurance deviendra satisfaction.
Ne baisse pas les bras, ne laisse pas tomber, ton Seigneur te voit et Il te délivrera.
La patience dont tu fais preuve ne peut qu'être bénéfique.
Elle redresse ton âme et la prépare pour les prochaines épreuves.
Après la difficulté se trouve la facilité.
Tu en ressortiras plus forte.

Que Le Clément te donne la patience qu'il faut pour surmonter tes épreuves.
آمين

Lorsque la vie t'épuise, souviens-toi d'Allah.
Ton cœur se soulagera à l'écoute de Ses paroles.
Ton âme lui appartient, soulage-la en la nourrissant de Son rappel.
L'épuisement se dissipera peu à peu.
N'oublie pas que cette vie d'ici-bas n'a pas pour but bonheur et amusement.
Elle est une épreuve que tu dois réussir pour gagner ta place au Jardin des délices.
La piété procurera de la sérénité ainsi que du repos à ton cœur.
Rapproche-toi de Lui, Il te facilitera.

Que L'Omnipotent soulage ton cœur à Son rappel.
آمين

Ne te laisse pas décourager par le poids de tes
péchés. Les ténèbres ne cesseront de t'attirer.
Souviens-toi qu'Il est l'infiniment Miséricordieux
et Pardonneur.
Repens-toi à Lui dès ici-bas en corrigeant ta
trajectoire.
Ne te laisse pas affaiblir par ton combat intérieur.
Ton âme retournera certes, vers son Créateur.
Fais de tes pas une direction vers Sa lumière.
Patiente comme ont patienté nos pieux
prédécesseurs.

La persévérance sera la clé de ton bonheur.

Que Le Seigneur des Mondes te facilite le jihad an-nafs.
آمين

Que Le Très-Haut fasse de nous des femmes pieuses, tendres, douces et aimantes.
آمين

Ô toi douce sœur,
Tu es une femme, une mère, une fille, une épouse.
Tu es douce, tendre, aimante, bienveillante.
Mais, tu es aussi courageuse et forte.
Tu portes et tu donnes la vie.
Tu éduques. Tu es le pilier de ta famille.
Ne laisse personne rabaisser ta condition et ton statut de femme.
L'Islam fait de toi une perle qu'il faut respecter et préserver.

Que L'Omniscient t'aime.
آمين

Ne te préoccupe pas de ce que les gens pensent de toi.
Nous ne pouvons plaire et être au goût de tout le monde. L'humain change constamment.
Concentre-toi plutôt sur ce que ton Seigneur pense de toi. C'est Lui que tu dois satisfaire.
Il est Le Seul à pouvoir changer ta condition dans cette vie d'ici-bas.
Il est Le Seul qui pardonne tous tes faux pas, à condition que tu te repentes sincèrement à Lui.
Détache-toi des autres pour te rapprocher de Lui.
À toi de ne pas Le délaisser.
Tu dois faire de Lui une priorité.

Que Le Très-Haut détache ton cœur de cette vie éphémère.
آمين

Protège ton cœur de tout ce qui pourrait lui nuire.
Veille à ne pas le mettre en danger,
à ne pas exposer ses faiblesses aux yeux du monde entier.
Ne cours pas vers ta destruction,
éloigne-le des relations qui ne lui sont pas bénéfiques et qui le font profondément souffrir.
Sois pour ton cœur une maman qui l'éloignera de tous les maux.
Qui ne le laissera jamais tomber au détriment des autres.
Et n'oublie pas de le nourrir du rappel d'Allah.
Emplis ton cœur d'amour pour Lui et Son messager صلى الله عليه وسلم.
Il est Celui qui le purifiera lorsque tu Lui demanderas.
Ton cœur Lui appartient, tâche d'en prendre soin...

Que Le Créateur de toute chose éloigne ton cœur du nuisible.
آمين

N'attends pas que le bonheur t'ouvre ses bras dans cette vie d'ici-bas.
Le but n'est pas d'être heureux ici, mais au Paradis.
Ton existence n'est qu'éphémère, tu as été créée uniquement pour L'adorer.
Tu devras faire face à des épreuves pour Lui prouver ta soumission et ta dévotion.
Prépare-toi au pire afin de savourer le meilleur.

Après la difficulté se trouve certes la facilité, al hamdûliLlah pour tout et malgré tout.

صبر

Que Le Très-Haut fasse de tes épreuves une expiation de péchés et qu'Il te rapproche de Lui.
آمين

Derrière tout mal se cache un bien.
Ton Seigneur sait ce que tu ne sais pas.
Il se peut que l'on t'ait brisée, déçue ou trahie et que tu te sois enfermée dans ta tristesse en oubliant que ton Seigneur était tout près.

Puis un beau jour, tu as compris que tes épreuves n'étaient pas totalement vaines, mais bel et bien bénéfiques.
Tu as appris, tu as compris et tu as grandi.
Tu es toujours là, plus forte que jamais, car Allah ne t'imposera jamais une charge supérieure à ta capacité.

Fais-Lui confiance.
Tout ce que tu traverseras n'est que passager.
Ta destination finale se trouve auprès de Lui, je l'espère dans Son Paradis.
Garde toujours en tête cette fin tant espérée et le fait qu'Il apaisera toutes tes peines, car Ton Seigneur t'aime.

Que Le Très Miséricordieux t'éloigne d'un quelconque désespoir et qu'Il emplisse ton cœur de Sa lumière et de Son amour.
آمين

Ne sous-estime jamais la force de la douceur.

Combien de cœurs se sont-ils sentis apaisés et rassurés par son biais ? Un nombre interminable.

Habitue ton âme à faire preuve de douceur.
Mais surtout, sois douce envers toi-même pour l'être convenablement envers les autres.
Puis, n'écoute pas ceux qui t'en dissuaderont.
C'est une qualité qui ne peut qu'engendrer de l'amour et de la fraternité.

Al hamdûliLlah

Que Le Seigneur t'accorde la douceur du miel.
آمين

Souviens-toi que tout est éphémère afin que la paix règne dans ton cœur.
Détache-toi de cette vie d'ici-bas pour te recentrer sur ta rencontre avec Ton Seigneur dans l'au-delà.
Ta demeure éternelle se trouve auprès de Lui, toutes les attaches que tu as ici finiront par se défaire.
De ce fait, ne te préoccupe pas du matériel.
Ce qui compte, c'est ton élévation spirituelle.
J'espère que la fin sera heureuse pour toi, mets tout en œuvre afin que ce soit le cas.

Que Le Pardonneur détache ton cœur de cette vie d'ici-bas.
آمين

Allah ne t'a pas rendue triste sans raison.
Il sait ce que tu ne sais pas, Ses décisions ne sont que bonnes pour toi.
Plus tu seras patiente et plus la récompense sera grande, telle est Sa promesse.
Saisis-toi de cette occasion pour Le remercier de ne pas t'avoir oubliée.
Il t'aime et sera toujours là pour veiller sur toi.
Fais-Lui confiance, la délivrance ne peut qu'être proche.

Que Le détenteur des âmes soulage ta tristesse et qu'Il expie tes péchés par son biais.
آمين

Ne regrette pas d'avoir connu certaines
personnes dans ta vie.
Chaque rencontre apporte quelque chose,
que ce soit bon ou mauvais.
Un bonheur ou une leçon.
Les expériences ne sont que bénéfiques.
Le temps et le recul te le feront comprendre.

Patience...

Que Le Très-Haut te rapproche des personnes bénéfiques pour ton âme.
آمين

Le temps passe si vite...
Tu n'as pas le temps de haïr ou de médire.
Concentre-toi sur ta relation avec ton Seigneur.
À toi de faire en sorte de ne pas avoir de remords, ni de regrets.
Profite du temps qu'il te reste pour semer du bien afin de le retrouver lorsque tu en auras le plus besoin.
Sois pour toi-même et pour les autres, une source de bonheur et de joie.
N'oublie pas d'entretenir ta relation avec tes proches et d'aimer de tout ton cœur.

Que Le Sage te permette de méditer sur les bénéfices de bien utiliser son temps.
آمين

Le silence et l'ignorance face aux futilités permettront à ton âme d'atteindre la tranquillité.
Détache-toi de ce que les autres peuvent penser et dire de toi.
Ignore ce qui peut porter préjudice à ton bien-être psychologique.
Éloigne ta langue de la plainte et de la médisance.
Que le silence règne lors des moments où les paroles sont condamnables.
Sois attentive au fait que ton Seigneur te voit, t'entend et sait ce qui se trouve au fond de toi.
Préoccupe-toi du sort qui t'attend au jour où toutes les âmes seront réunies devant Lui.
Ce qui importe, c'est d'échapper à l'Enfer pour te retrouver au Paradis.

Que Le Très-Clément détache ton cœur des futilités de cette vie d'ici-bas.
آمين

N'écoute pas ceux qui disent que le silence est une faiblesse.
Ils n'ont pas conscience que c'est faire preuve d'intelligence et de sagesse.
Sois fière de maîtriser ce bout de chair qu'est ta langue, car elle est un bout de chair qui risque d'en amener un grand nombre en Enfer.
Ne te lasse jamais du silence.
C'est une compagnie qui sera probablement une cause de ta présence au Paradis.

Que Le Clairvoyant fasse du silence une douce compagnie.
آمين

Éloigne-toi de ce qui met ou peut mettre en danger ta religion, tes valeurs et ta dignité.
Que ce soient des personnes, des situations ou des endroits particuliers.
Personne ne le fera à ta place, c'est à toi de te préserver.
Prends soin de l'âme que ton Créateur t'a confiée.
Ne sois pas ton propre bourreau en te dirigeant vers ce qui te causera peine et tristesse.
Ne cesse pas de L'invoquer.
Il est Le Seul à pouvoir t'éloigner de qui te portera préjudice.

Que Le Plus Élevé t'accorde la compréhension de la préservation de ton âme.
آمين

Aime de tout ton cœur autant que possible,
tout en étant raisonnable.
Ne laisse pas les mauvaises expériences te priver d'aimer et d'être aimée.
Toute blessure a un aspect bénéfique.
Ton Seigneur ne souhaite que ton bien.
Fais-Lui confiance.
Il t'éloigne de ce qui t'éloigne de Lui et te rapproche de ce qui te rapproche de Lui.
Vivre sans amour n'est guère possible,
ne t'efforce pas de rejeter ce sentiment qui est cause de bonheur et d'intégrité.
Ouvre-toi à l'amour.
Cette vie est trop courte pour s'en éloigner.

Que Le Prédominant t'éloigne de tout ce qui blessera ton cœur.
آمين

Lorsque ton Seigneur t'envoie des signes afin que tu distingues les véritables intentions d'autrui, ne les ignore pas.

Certains se cachent derrière un faux visage pour t'attendrir et t'amadouer.
D'autres profitent de ton insouciance et de ta naïveté pour te manipuler.
Sois consciente de ce qu'Il souhaite te montrer.
Il est Le Seul à connaître ce que renferment les cœurs et les profondes intentions de Ses créatures.

Fais preuve de sagesse et maturité en t'éloignant de ce qui t'est néfaste au-delà de la difficile séparation.

Que Le Tout-Miséricordieux te préserve des personnes malintentionnées.
آمين

L'œil pleure lorsque l'âme souffre.
Il se peut que tu te sentes seule et désemparée face à cette souffrance qui t'habite.
Les mots ne peuvent décrire les maux qui te hantent sans arrêt.
Sache que dans cette épreuve, ton Seigneur ne t'a ni délaissée ni abandonnée.
Il t'éprouve parce qu'Il t'aime.
Repens-toi et invoque-Le afin que cette tristesse soit une expiation de tes péchés.

Que Le Très-Miséricordieux te rapproche de Lui à travers cette tristesse.
آمين

Même si tout le monde te quitte, Allah te suffit.

Prends soin de Le garder dans ta vie.
Il est Celui qui se préoccupe réellement de toi.
Ton bonheur et ta subsistance ne dépendent que de Lui.
S'en remettre entièrement à Allah, c'est ne rien craindre, car on sait qu'Il prend les meilleures décisions, même si l'on ne peut pas voir Son plan...
Souviens-toi que ton âme est destinée à revenir à ton Seigneur.
Ton existence n'est donc qu'éphémère,
ainsi que tes joies et tes peines.

Alors ne t'inquiète pas, efforce-toi de te souvenir constamment de Lui afin qu'Il ne t'oublie pas.

Que Le Très-Grand ne cesse de te rapprocher de Lui.
آمين

Que Le Tout-Miséricordieux fasse régner le calme dans ton esprit afin que ton âme se tranquillise.
آمين

Ton sourire est la richesse que nul être humain n’est en mesure de t’enlever.
Ce choix relève de toi-même.
Il se peut que certaines personnes ou certaines épreuves te retirent cette envie de rayonner, mais ce choix t’appartient.
Ne laisse personne te contraindre à y remédier.

Sourire est une sunna, mais c’est aussi une aumône. Pourquoi s’en priver ?

Qu’Allah t’accorde un magnifique sourire dont tu ne te lasseras jamais.
آمين

Ne laisse pas ton cœur s'attacher à ce qui ne lui est pas permis.
Dès lors que tu te trouves en situation de désordre et de tentation, écarte-toi de cela afin d'éviter de tomber dans l'interdit.
Une relation hors mariage ne te causera que des maux.
Le sheytane te mènera vers l'illusion d'un bonheur parfait, mais un jour ou l'autre, la réalité te rattrapera et sera toute autre.
Tu ne cesseras de regretter de t'être laissée influencer.

Sois forte et ne cesse pas de t'éloigner de l'illicite en invoquant constamment ton Seigneur afin qu'Il raffermisse ta foi.

Que ton Seigneur t'éloigne de tous les interdits.
آمين

Es-tu à la recherche d'amour, d'espoir et de paix ?

Choisis Allah ! Il est ce que tu recherches.
Il comblera tes besoins, car ton âme Lui appartient.
Il est Celui qui ne te trahira et ne te décevra jamais.
Choisis-Le. La solitude désertera ton cœur, car dorénavant, Il est avec toi où que tu sois.

Que Le Seigneur de monde emplisse ton cœur d'amour pour Lui.
آمين

Les belles âmes finissent toujours par rendre le mal qu'elles reçoivent par le bien.
Telle est l'âme douce, elle ne se laisse pas assombrir par la méchanceté des autres.

Est-ce ton cas ?

Il n'est jamais trop tard pour adoucir ton âme en purifiant ton cœur.
L'amour que l'on n'a pas su te donner, transmets-le à ton tour. Cela nourrira certainement ce profond manque au fond de toi.

Que Le Très-Haut fasse de ton âme un havre de paix.
آمين

Efforce-toi d'être optimiste.
Ce n'est nullement avoir une vision utopique ou naïve de la vie.
Il s'agit de placer sa confiance en Allah,
car il se trouve que derrière chaque mal se cache un bien.
Place ta confiance en ton Seigneur !
Sois positive et optimiste !
Une vision optimiste sera largement plus bénéfique qu'une vision pessimiste de la vie et des choses qui peuvent t'arriver.

Avec des efforts, c'est possible ! Invoque-Le et Il te facilitera.

Que Le Suprême t'éloigne du pessimisme.
آمين

Quels que soient les différends que tu as pu avoir avec tes proches, engage-toi du mieux que tu peux à rétablir les liens qui vous unissent.
Ne laisse pas les affaires de ce bas monde t'éloigner de ceux qui t'ont prouvé à maintes reprises leur attachement ainsi que leur amour.
Mets de côté orgueil et fierté, ils ne sont nullement bons conseillers.
Il suffit souvent de peu afin que la paix règne de nouveau entre vous.

Le temps ne cesse de défiler, assure-toi de faire les bons choix afin de ne pas avoir de regrets.

Que Le Seigneur des Mondes rétablisse la paix dans tes relations.
آمين

Et même si tu as l'impression que tu perds le fil de la vie, ne t'inquiète pas.
Ton Seigneur est Celui qui gère toute chose à la perfection.
Rassure-toi, Il veille sur toi tant que tu ne L'oublies pas et que tu places ta confiance en Lui.

Que Le Très-Haut fasse régner la tranquillité au sein de ton cœur.
آمين

Tu as l'impression que la douleur ne cessera de diminuer, puisque les souvenirs ne cessent d'affluer. Telle est la source de ton désespoir.

Les blessures sont réparables,
parce qu'Allah est Le Guérisseur des cœurs.
L'âme se tranquillise à l'écoute de Ses paroles ainsi qu'à Son évocation.

Qu'attends-tu pour commencer ?

Ne laisse pas les baisses de foi t'éloigner de Lui ainsi que te faire croire que le malheur guette ta vie.
Il est certes Celui qui ne veut guère de mal à Son serviteur. Alors remets-t'en à Lui.
Ton cœur se guérira peu à peu de tous les maux causés.
Fais-Lui confiance, toute douleur n'est que passagère.

Qu'Allah apaise ta plus profonde souffrance et te permette d'en ressortir plus forte.
آمين

On a souvent tendance à négliger nos relations.
On aimerait que l'on nous traite convenablement,
avec respect, sincérité ainsi que courtoisie.

Qu'en est-il de notre propre comportement ?

Commençons par avoir les mêmes agissements
que l'on aimerait tant recevoir.
La réciprocité se fera progressivement...
Les mensonges ainsi que l'oppression quitteront
nos relations et l'amour grandira davantage.
N'attendons pas que l'amertume prenne forme,
prenons soin des autres.

*Que Le Très-Haut nous permette de faire régner la
paix dans nos cœurs.*
آمين

Sais-tu qu'Allah ne t'a rendue triste que pour te rendre heureuse ?

Il ne t'attriste jamais sans raison.
Un bien se cache toujours derrière toutes ces épreuves et ces larmes...
Les épreuves les plus difficiles que tu as vécues ne sont pas une cause d'anéantissement, mais sont destinées à raffermir ta foi.
Rends-toi compte qu'Il t'éprouve pour que tu te rapproches de Lui.
Ton Seigneur t'aime, n'en doute jamais et ne l'oublie pas.

Que Le Très-Haut transforme ta tristesse en immense joie.
آمين

En tant que croyantes, nous devons accepter notre Destin, qu'il soit bon ou mauvais, triste ou heureux, facile ou difficile.
Tout ce qui résulte de notre vie correspond à Sa décision, la plus juste possible.

Il est Celui en qui nous devons placer notre totale confiance ainsi que dévouement.
Il est le détenteur de notre âme, Celui qui nous accorde le souffle.
Nulle âme ne pourra se détourner de Lui au Jour Dernier.

Comment est-ce possible de vouloir Lui échapper ?

Ne t'en fais pas, ô douce âme !
Cette vie n'est qu'éphémère. Tous tes soucis ne sont que passagers. La lutte en ce bas monde est nécessaire pour gagner sa place au Paradis.
Accepte Son décret, ton existence te sera moins difficile à surmonter.

Que Le Très-Grand te facilite l'acceptation de Son décret.
آمين

Sois fière de la largesse de ton cœur et de la pureté de ton âme.

L'amour, le temps ou la considération que tu as pu offrir au cours de ta vie ne seront jamais vains. Toutes les relations ont certes un côté bénéfique, quelle que soit la tristesse qu'elles ont pu causer. Ne laisse pas les regrets t'envahir et t'empêcher à nouveau d'aimer.

La vie aurait un tout autre goût sans amour, ne trouves-tu pas ?

Que Le Très-Miséricordieux purifie ton cœur et t'éloigne des mauvaises personnes.
آمين

Au cours de ton existence, tu seras confrontée à de multiples tentations.
Le sheytane ne cessera de vouloir te détourner du but de ton existence, soit d'adorer ton Créateur.
L'illicite te paraîtra beau et facilement accessible.
Il t'incitera à enfreindre Ses lois, le temps d'un instant.

Ne te laisse pas duper, car lorsque le haram est commis, l'illusion de sa beauté s'évaporera et ton cœur, envahi de regrets, ne cessera de pleurer.
Lorsque cela arrivera, repens-toi sincèrement à Lui.
Il te pardonnera parce qu'Il est Le Très-Miséricordieux, alors ne désespère pas.

Que Le Très-Miséricordieux t'éloigne des tentations de ce bas monde et raffermisse ta foi.
آمين

Sais-tu que le retour final sera vers Lui ?

Pourquoi te comportes-tu donc comme si ton âme se suffisait à elle-même ?
Elle a besoin de Celui à qui elle appartient, Allah.
Cette âme qui ne doit œuvrer que pour L'adorer et Le louer.
Ton rôle est de l'éduquer afin qu'elle ne s'en remette qu'à Lui.

Qu'en est-il alors de son utilisation ? As-tu respecté ce que Ton Seigneur t'a enseigné ?

Ne cesse pas de méditer, car le temps défile et ton existence n'est guère éternelle.
Le jour où tu devras Lui rendre des comptes approche certainement très vite.

Que Le Très-Haut te facilite jihad an-nafs.
آمين

Tu passes tes journées en étant sans cesse entourée ou occupée afin d'échapper aux tourments qui nuisent à ta vie.
Sauf qu'à la tombée de la nuit, tu te retrouves seule dans ton lit.

Les pensées négatives assombrissent ton esprit, toi qui pensais tant leur échapper.
Puis, tu prends conscience que la fuite n'est qu'un triste pansement.

Le véritable remède est de se confronter aux problèmes qui te submergent, d'accepter ce qui a pu se passer.

Soudain, tu te rends compte que tu n'es finalement pas seule, car Allah ne te délaissera pas. Tout ce qui t'arrive provient de Ses décisions. Il ne souhaite que ton bien.

Tu décides alors de te rapprocher de Lui.
Puis, progressivement, les mauvaises pensées quittent tes nuits pour laisser place à la tranquillité de l'esprit.
Tout cela, c'est grâce à Lui.

Remercie-Le et fais en sorte de ne jamais L'oublier et de Le louer tout au long de ta vie.

Qu'Allah te préserve ma douce.
آمين

Il y a des personnes sincèrement destinées à
rester dans nos cœurs, mais pas dans nos vies.
Si Allah en a voulu ainsi, c'est qu'il y a
irréfutablement un bien.
Faisons-Lui confiance.
Les séparations sont certes douloureuses,
mais cela ne durera qu'un temps.
Remercie-Le plutôt de t'avoir éloignée de ceux
qui t'éloignent de Lui.
Il t'aime, alors Il te préserve.

Qu'Allah apaise ton cœur des séparations douloureuses.
آمين

Il est difficile de se détacher des relations qui ne sont guère bénéfiques.
On se rattache à cette nostalgie de l'ancienne version de la personne.
Le changement n'est plus en accord avec nos modes de vie, mais on refuse de se dire que ce changement est définitif.
Alors, on s'accroche à cette ancienne réalité qui n'est plus d'actualité, dont on a tant de mal à se défaire.

On ne cesse d'espérer que cette personne redevienne ce qu'elle était, chose difficile à accepter. La réalité nous échappe et la nostalgie nous domine.

Allah t'a probablement montré des signes afin que tu comprennes que tu dois rompre certaines relations.
Ne les ignore donc pas et ne t'afflige pas. Place ta confiance en Lui et reprends le cours de ta vie en ne plaçant tes espoirs qu'en Lui.

Que Le Seigneur estompe cette nostalgie qui t'empêche de vivre.
آمين

Le cœur est réellement peiné lorsqu'il aime éperdument, mais qu'il doit délaisser cette compagnie, car aimer ne suffit plus.
La raison se manifeste lorsque le respect et la considération ont déserté la relation.
Le cœur ne peut qu'entendre la raison,
car écouter sa raison, c'est protéger son cœur.

Ton Seigneur t'a donné la vie pour L'adorer.
Ne laisse pas les choses de ce bas monde t'éloigner de ton objectif et te contraindre à y renoncer.

N'aime pas plus que ta capacité, car Il est Le Seul qui mérite tout ton amour et toute ta dévotion.

Que Le Très-Miséricordieux éloigne ton cœur des amours nocifs et toxiques.
آمين

Par la volonté d'Allah,
Les âmes qui sont destinées à s'unir ne peuvent se rater.
Et même si tout le monde les éloigne l'une de l'autre, elles ne cesseront de se retrouver.
Quelques instants de patience te séparent de la rencontre avec ta moitié.
Votre Seigneur a lié vos âmes pour une bonne raison, probablement pour l'éternité.
Place donc ta confiance en Lui, ton âme sœur te reviendra de droit au moment voulu.
Préserve-toi en attendant afin de l'accueillir de la meilleure des façons.

Que Le Seigneur des Mondes unisse vos âmes et fasse régner l'amour entre vous.
آمين

Deux âmes qui s'aiment en Allah et qui se lient devant Lui, ne peuvent qu'espérer se retrouver au Paradis.

Et quelle meilleure destination que Son jardin des délices en compagnie de l'être tant aimé ?

La base de la relation qui n'est qu'autre que la piété, ne peut que les conduire vers cet endroit tant convoité.
Plus le couple sera proche d'Allah et plus ils seront proches entre eux.
L'amour ne fera que s'intensifier et se renforcer.

Êtes-vous prêts à œuvrer afin de ne jamais vous quitter ?

Qu'Allah mette la baraka dans votre mariage et qu'Il vous offre Son vaste Paradis.
آمين

Qu'Allah nous accorde un homme pieux et une descendance pieuse.
آمين

Ne sois pas de ceux qui dérobent la joie d'untel, de ceux qui assombrissent le cœur d'untel, ni de ceux qui contraignent la bonté d'untel. Sois plutôt de ceux qui redonnent le sourire lorsque tout est sombre et de ceux qui contribuent à la floraison de l'âme et à l'apaisement du cœur.

Lorsque la mort nous rappellera, chacun espérera recevoir des invocations des connaissances de son vivant, afin que ses supplices se voient être facilités. On n'a jamais trop de temps pour réjouir le cœur de tous ceux que nous aimons. Aimons-nous profondément le temps qu'il nous reste avant qu'Il nous rappelle à Lui.

Que Le Seigneur fasse régner l'amour et la paix dans nos cœurs et qu'Il nous écarte de tout mal et de toute chose néfaste.
آمين

Je prie Allah afin que le réservoir d'amour qu'Il nous offre ne s'épuise jamais.
Qu'Il nous permette de L'aimer et d'aimer tout ce qui nous rapproche de Lui.
Qu'Il nous permette d'aimer tout au long de notre existence sans jamais nous lasser.
Qu'Il nous permette d'aimer sans jamais désespérer.
Qu'Il nous permette d'être une cause d'apaisement de par notre amour, envers l'être aimé.
Qu'Il nous permette d'accepter l'amour des autres sans en douter.

Qu'Il permette à notre amour de perdurer dans le cœur de ceux que nous aimons au-delà de la vie.
Que la mort ne mette guère fin à l'affection et la tendresse que nous éprouvons.

Qu'Allah nous permette de nous retrouver au Paradis afin que nous continuions à nous chérir et à nous aimer.
آمين

Ma douce,
Sois la femme forte et honorable que tu aimerais que ta fille soit.
Ne cesse pas d'entretenir la tendresse ainsi que la bonté afin que ton cœur ne se lasse guère de s'illuminer.
Ne te dirige pas vers ce qui est apte à faire diminuer ta valeur ainsi que ta dignité.
Tu es la maîtresse de ton foyer.
Quel noble statut et quelle belle responsabilité !
De ce fait, n'oublie pas de préserver ta santé psychologique afin de ne pas craquer.
Tu es l'exemple à suivre pour tes petits.
Reflète l'image que tu aimerais qu'ils soient.

Quel meilleur exemple pour le fils que sa mère, afin qu'il sache quel type de femme épouser ?

Quel meilleur exemple pour la fille que sa mère, afin qu'elle sache quel type de comportement adopter ?

Que Le Très-Haut fasse de toi une femme et une maman comblée et qu'Il te facilite l'exercice de tes devoirs ainsi que tes responsabilités.
آمين

La douceur ainsi que la gentillesse dont tu fais preuve sont des qualités extrêmement honorables et louables.

Ne laisse personne te dérober cette volonté de propager la bonté.
La tendresse qui émane de toi ne cessera d'accroître ta beauté.

Ils ne cesseront de vouloir briser le bien qui se trouve en toi afin que tu deviennes comme eux.
Tu ne te vengeras certes pas, car ton Seigneur s'en chargera.

Et quel meilleur secours que Lui ?

Que Celui qui détient ton âme te protège de la malveillance de certains.
آمين

Que la paix soit sur ceux qui transmettent de la bienveillance et de la bonté en dépit de tout le mal qu'on leur a fait.

آمين

Nous demandons au Très-haut, que la solitude soit une paix pour ton âme et un apaisement pour ton cœur.

آمين

Parmi les profondes tristesses qu'éprouvent les âmes solitaires, il y a le fait d'avoir tant de choses à raconter, mais nulle compagnie à qui les confier.
Et certes, l'apaisement de ces âmes se trouve dans l'Islam.
Allah entend et voit parfaitement tout.

Les batailles secrètes qu'ils mènent ne sont connues que de leur Créateur, ce qui réconforte un tant soit peu leurs cœurs.
Les âmes solitaires sont celles qui se connaissent le mieux et qui s'apprécient le plus.
Elles ne tolèrent aucune mauvaise compagnie, préférant la solitude à celle-ci.

La quête de la compagnie bénéfique fut très éprouvante pour eux, alors ils se sont isolés afin de mieux se rapprocher de leur Seigneur en toute tranquillité et toute sérénité.

Que Le Très-Grand te permette de rencontrer des personnes bénéfiques à ton cœur afin que vous avanciez ensemble vers Lui.
آمين

Patiente, même si ton cœur se tord de douleur et qu'il déborde de tristesse.
Rappelle-toi que la promesse d'Allah est vérité.
Il ne cessera d'éprouver ceux qu'Il aime.
Derrière chaque longue patience, se trouve une énorme récompense.
Fais-Lui confiance, les belles choses savent se faire attendre.

La patience a certes d'énormes bienfaits, notamment le fait d'éduquer ton âme pour l'habituer à la constance ainsi qu'à la persévérance.
Ne te lasse donc jamais de patienter et de Lui demander secours.
Il sera certainement, toujours un grand soulagement pour ton cœur.

Quelle belle vertu qu'est la patience et quel magnifique don que Ton Seigneur t'octroie, ne trouves-tu pas ?

Que Le Seigneur de l'Univers te récompense grandement pour le degré de confiance que tu Lui portes.
آمين

Souhaite la guérison à ceux qui ont causé ta souffrance ainsi que la paix à ceux qui ont voulu te briser.
La douleur qui se propage en toi leur reviendra certainement, car Ton Seigneur ne faillit jamais à Sa promesse.
Aucune injustice ne sera impunie.

Sois à la hauteur de Ses attentes.
Délaisse la vengeance qui entraînera ton âme à reproduire les torts qu'ils ont commis.
Tu vaux beaucoup mieux que cela.
D'ailleurs, cette rancune ne fera qu'intensifier la tristesse qui se trouve au fond de toi.

Allah apaisera assurément ton cœur, tant que tu places totalement ta confiance en Lui.
Il est Celui qui respectera toujours Ses engagements.
Remets-t'en à Lui car jamais Il ne te délaissera.

Que L'Omniscient te permette de rendre le mal par le bien afin d'élever ton âme.
آمين

Il se peut que Ton Seigneur t'éprouve car Il désire pour toi le Paradis. Que souhaites-tu donc de plus ?

Cette demeure d'ici-bas n'est certes pas une vie de récompense, mais d'épreuves.
Ainsi, chaque épreuve que l'on surmonte nous apporte forcément quelque chose de bénéfique pour l'avenir.
Toute peine qu'engendrent les épreuves laisse toujours un cadeau.
Probablement invisible sur le coup, mais avec du temps et du recul, on se rend compte des bienfaits de celles-ci.

N'attends donc pas de ressentir la joie dans cette vie d'ici-bas, car ce qui compte est que tu l'éprouves dans l'au-delà.

Que Le Seigneur fasse de chaque épreuve un pas vers le Paradis.
آمين

Ô toi chère âme solitaire,
Lorsque la solitude se montre davantage pesante et éprouvante, rappelle à ton âme qu'Allah est Celui qui jamais ne nous délaissera.

La solitude permet de prendre conscience que l'on n'est absolument rien sans Allah.
Il est Le Seul sur qui l'on peut éternellement compter, sans avoir à en douter.
La solitude est un réel apaisement pour le cœur, car elle te permet de méditer et de te rapprocher de Ton Créateur.

Et si tu as l'impression que personne ne te comprend, souviens-toi que Ton Seigneur a connaissance de ce qui se trouve dans ton cœur.
Puis un jour, Il t'accordera la complétude de ton âme. Cette personne qui veillera à comprendre ce qui se passe en toi.

Ne désespère pas, Il t'accordera ce dont tu as éperdument besoin.

Qu'Allah fasse de ta solitude une grande bénédiction.
آمين

Comment pourrions-nous réellement apprécier les moments de joie sans éprouver quelques moments de tristesse ?

Parfois, il faut accepter que la tristesse fasse partie de nous afin de mieux appréhender l'épreuve qu'est la vie.
Ainsi, les souffrances à venir nous paraîtront probablement moins insoutenables à vivre, moins difficiles à accepter.
Sers-toi de cette tristesse pour profiter davantage des moments de joie afin d'être constamment reconnaissante de ce que ton Seigneur t'octroie.

Puis, n'oublie pas qu'Il ne te rend triste que pour te rendre davantage heureuse.

Que Le Très-Haut permette à ta tristesse d'être une floraison de ton âme.
آمين

Prie ton Seigneur afin qu'il mette de la beauté dans ton âme ainsi que ton cœur.
De cette beauté de l'âme, fleurira un bon comportement qui t'éloignera probablement de Son feu ardent.
Que ta langue ne profère que de douces et profitables paroles afin qu'elle soit un bien pour toi au Jour Dernier.

Sois différente des autres, chère sœur.
Sers-toi de ton comportement afin de les surpasser dans le bien et de t'élever en degrés.

Que L'Omniscient t'accorde une belle âme qui Le satisfera.
آمين

Je prie Allah afin qu'Il ne laisse pas nos cœurs s'attacher à ce qui ne leur est pas destiné.
Qu'Il facilite à nos âmes l'acceptation de leur destinée afin d'y trouver repos et tranquillité.
Je prie Allah qu'Il rapproche nos cœurs de ce qui leur est licite et bénéfique.
Qu'Il nous empêche de renier Ses signes afin de délaisser ce qui n'est pas autorisé.
Qu'Il nous permette de délaisser les choses de cette vie mondaine pour nous accrocher à la vie future.

Ne doute pas de Ses décisions, elles ne sont qu'un bien pour toi.

Que Le Très-Grand nous rattache à Son chemin.
آمين

Lorsque la douleur paraît insoutenable à surmonter, il t'arrive de penser que Le Très-Haut t'afflige.
Finalement, tu te rends compte qu'Il n'a fait que te sauver de l'affliction.
Place donc entièrement ta confiance en Lui.
Redouble d'efforts dans tes demandes de pardon pour toutes les fois où tu as douté de Ses intentions.

Tu comprendras très vite qu'Il est Le Seul qui, incontestablement, ne souhaite que le bien pour les croyants.
Crois donc fermement en Lui, Sa générosité n'est qu'infinie envers ceux qu'Il aime.

Que Le Seigneur de l'Univers te permette d'avoir une confiance éternelle en Lui.
آمين

Parle à ton cœur afin qu'il sache que la tristesse n'est qu'éphémère et passagère.
Dis-lui que l'étendue de ses peines s'effacera par la volonté de Son Seigneur.
Dis-lui que la joie l'embrassera au moment opportun, probablement lorsqu'il s'y attendra le moins.

Il se peut que la tristesse que tu éprouves ici-bas soit une cause de ton bonheur dans l'au-delà.
Et quelle meilleure vie que cette dernière ?

Parle à ton cœur, dis-lui que tu es là pour lui, mais qu'Allah l'est d'autant plus.
Tant qu'il se raccroche à Lui, il n'a plus rien à craindre.

Que Le Seigneur de l'Univers fasse régner la joie dans ton cœur.
آمين

L'être humain est en perpétuelle recherche de l'âme qui pourrait le combler,
car il ne peut demeurer éternellement esseulé.
Il a comme désir de trouver cette compagnie qui délaisse la vie mondaine afin de s'élever convenablement vers Allah.
Cette compagnie qui ne cherche qu'à s'élever vers Le Très-Haut, sera un réel appui afin de ne pas s'éloigner du droit chemin.

Cette compagnie sera la facilité dans sa difficulté,
et son apaisement dans ses bouleversements.
Il a comme désir de revoir cette personne au Paradis afin de continuer à s'aimer sans ne jamais se lasser.

N'est-ce pas cela le véritable amour ?

Que Le Très-Grand unisse les âmes qui sont destinées à s'aimer éternellement.
آمين

Ne laisse pas ton cœur dévier vers la tristesse ainsi que les regrets.
Confie-toi à Celui qui détient ton âme du fardeau qui t'empêche d'avancer, car Il est Le Seul à pouvoir te soulager.
Ne laisse pas ton cœur se dénuer de tout espoir.
Ce combat n'est qu'un moyen de lui permettre de s'embellir et de s'élever.

Continue de te battre et tu gagneras la tranquillité tant espérée.
La joie s'immiscera progressivement en toi. Ainsi, tu ne pourras qu'être fière d'avoir enduré et patienté.

Que Le Seigneur t'accorde l'endurance ainsi que la patience.
آمين

Les ténèbres des autres souhaiteront conquérir ton cœur afin de pervertir ton âme.
Leurs chuchotements maléfiques ne sont que source de tristesse ainsi que de malheur.
Ne te lasse jamais de les combattre afin que ta destination finale soit le Paradis.

Souhaites-tu pour ton âme le repos infini ?

Délaisse donc la mauvaise compagnie afin de te rapprocher de Lui.
Ainsi, tu pourras espérer l'éternelle tranquillité de l'âme ainsi que de l'esprit.

Qu'Allah t'éloigne des compagnies néfastes et des pensées parasites.
آمين

Veilles-tu à nourrir ton cœur du rappel de son Créateur ?

Le cœur ne peut demeurer sain s'il ne s'attache pas aux paroles divines.
La tranquillité ainsi que la sérénité ne peuvent y demeurer s'il s'éloigne de Celui qui l'a créé.
Ton devoir est de prendre soin de cet organe qui témoignera de tes intentions au Jour Dernier.

Hâte-toi à la purification du cœur ainsi que de l'âme avant qu'il ne soit certes, trop tard...

Que Le Très-Grand raffermisse ton cœur sur Sa religion.
آمين

Sois une cause d'apaisement autour de toi, une âme qui fait régner l'amour ainsi que la joie.
Sois un havre de paix pour les cœurs tourmentés, une âme qui soit la facilité dans la difficulté des êtres blessés.
Et n'oublie surtout pas, tu es peut-être le phare dans la tempête d'une autre personne...

Ne méritons-nous pas tous de nous sentir aimés et rassurés ?

Qu'Allah fasse de toi une cause d'apaisement pour les autres afin de t'élever en degrés.
آمين

Lorsque tu t'apprêtes à commettre un péché,
Souviens-toi que ton Seigneur ne cesse de t'observer.

Ce péché vaut-il la peine d'être commis ?

T'éloignant ainsi de Celui qui t'a créée,
Empêchant ton âme d'acquérir la pureté,
Pervertissant ainsi ta foi…

Ton devoir est de préserver cette relation avec ton Créateur et d'éviter de Le décevoir afin qu'Il soit satisfait de toi.

Que Le Très-Haut te facilite l'éducation de l'âme et du cœur.
آمين

Il est Celui qui sauve ton cœur de la ruine ainsi que ton âme de la dépravation.
Il est Celui qui guide ton cœur vers la vérité, éloignant ton âme de la perdition.
Il est Celui qui t'accorde la facilité dans la difficulté, te redonnant motivation ainsi qu'espoir.

Qui est-ce ?

Allah.

Qu'Il te permette de prendre conscience de la précieuse valeur de notre noble religion.
آمين

Laisse la chaleur d'Allah pénétrer ton cœur.
Ton âme ne peut que déborder de larmes de joie ainsi que de ferveur.

Il est Celui qui comblera le vide profond qui somnole au fond de toi.
Le néant disparaîtra, car Il le remplacera par ce qui est meilleur pour toi.
Il fera de tes peines un océan d'amour, de leçons ainsi que de sagesse.

Fais-Lui donc confiance.
Ouvre-Lui ton cœur, confie-Lui ta détresse.

Qu'Al Wadud fasse de tes peines des leçons de sagesse bénéfiques pour ton cœur.
آمين

Ne laisse pas ton cœur se tourner vers la dérive.
Ne laisse pas ton âme dépérir.
Tu dois prendre soin de ces trésors que ton Seigneur t'a octroyés.
Les empêchant ainsi de se noyer dans la dépression ainsi que l'anxiété.
Ne laisse donc pas ton combat intérieur te freiner vers cet apaisement tant désiré.
Invoque-Le afin qu'Il te facilite,
Il t'aidera à surmonter tout ce qui te peine et t'attriste.

Que Le Très-Haut t'accorde l'apaisement du cœur ainsi que la floraison de l'âme.
آمين

Ne blâme guère ton cœur pour sa pureté ainsi que sa naïveté.
Il mérite de n'éprouver aucun regret pour tout le bien qu'il a fait.
Tu ne peux qu'être fière de posséder un cœur rempli de principes et de valeurs.
Certes, il t'arrivera de t'attrister pour le manque de reconnaissance et de réciprocité.

Mais existe-t-il une meilleure récompense que celle promise par Allah ?

Souviens-toi que tes actes ne sont destinés qu'à être jugés afin de te permettre d'accéder au Paradis.

Que Le Très-Haut adoucisse davantage ton cœur et qu'Il t'accorde un océan d'amour.
آمين

De la part de vos sœurs, quelques paroles tout en douceur…

Les paroles suivantes proviennent de quelques-unes de vos sœurs.

C'est dans les ténèbres que l'on perçoit clairement Sa lumière.
On prend conscience que la vie n'est qu'une épreuve qui nous ramènera à Lui.
La lutte acharnée que l'on mène contre notre âme nous fera souvent vaciller, mais les victoires seront aussi récurrentes.

C'est ainsi que dans les situations de désordre,
Il est Celui qui t'encourage à ne pas abandonner.
Ton Seigneur ne t'a ni méprisée, ni délaissée.
Rapproche-toi de Lui lors de ces sombres moments, ton âme patientera davantage.
Patience, ô âme tourmentée, l'issue est proche.

Que Le Très-Miséricordieux fasse de Sa lumière ton secours.
آمين

Quand tout s'assombrit et que tu ne te sens plus à l'abri : ouvre les yeux, écoute la parole de ton Seigneur.
Ne reste pas dans le noir quand tu n'arrives plus à voir le bon dans ce monde.
Sois comme une bougie dans la nuit, cherche la lumière et tu verras qu'Allah t'a toujours montré la voie claire.
Il est ton repère et de Lui, jamais ne désespère.

Supporte patiemment, ma sœur.
Tout n'est pas tristesse.
Allah n'est jamais inattentif à ta détresse.

Assia Slimani

Sur la route qui mène à Allah, le chemin sera certainement très difficile à parcourir.
N'oublie pas Sa parole qui nous enseigne qu'après chaque difficulté se trouve la facilité.
Il faudra que tu apprennes à ne pas te préoccuper des personnes qui t'empêcheront de te rapprocher de Lui.

De ce fait, tu te sentiras probablement très seule, mais *ne vaut-il mieux pas la solitude qu'une compagnie néfaste ?*

Il se peut que parfois tu t'arrêtes en chemin, mais le plus important, c'est que tu ne cesses de le parcourir.
Accroche-toi ma douce et aie confiance en Lui.

Que Le Très-Haut accroisse ta foi lors de ce cheminement.
آمين

La vie est un chemin miné.
Parfois, tu te retrouveras à marcher dans des sentiers non éclairés et tu n'auras pas d'autre choix que de devoir les emprunter.
Tu penseras qu'ils sont sans fin alors qu'ils se terminent bien.
La droiture mène à Allah.
Ce qu'Il voit n'est pas le nombre de fois où tu te perds, mais ô combien tu espères en prière qu'Il vienne à ton secours même si ton cœur est en guerre.
Ne passe pas une journée sans penser à Lui à tes côtés. Allah est Le Seul à pouvoir te guider.
Dans Son Paradis, ton âme pourra s'y reposer.
Et certes ton existence n'est qu'une longue traversée, mais sa destinée est vérité.

Que la parole d'Allah soit ton phare qui t'éclaire ici-bas et dans l'au-delà.

Assia Slimani

Toutes les injustices que tu as vécues, Allah en a connaissance.
Il sait tout ce que tu ignores, en particulier les intentions profondes des cœurs.

Le jour où chaque âme Lui reviendra, la véritable justice triomphera.

Patiente encore un moment, ne te cause pas de tort, Il fera régner ton droit auprès de tes bourreaux.
Ne pleure pas, Il te voit.
Montre-Lui la force de ta foi.

Que Le Très-Haut t'éloigne de l'injustice.
آمين

Entends-tu le chant des oiseaux et l'apaisement de leurs mots ?
Ne vont-ils pas droit au cœur pour y éloigner toutes tes peurs ?

Il se peut que la colère te défie sur cette terre,
que les injustices t'abasourdissent et qu'au monde,
tu aimerais crier de te laisser en paix.
Mais c'est dans ces moments que tu dois te confier au Confident et lire Ses écrits pour enfin être comprise.
Allah est Le meilleur compagnon de route,
de Lui, jamais ne doute.
Il est toujours près de toi et t'écoute.

Lis au nom de ton Seigneur pour que ton cœur s'apaise de tes peurs et qu'Il s'épanouisse telle une fleur.

Assia Slimani

Une célèbre citation tirée du petit prince nous dit : « On ne voit bien qu'avec le cœur. L'essentiel est invisible pour les yeux. »

Sois de ces douces âmes qui ne s'expriment qu'avec gentillesse et bienveillance.
Que tes paroles reflètent la bonté de ton cœur et la pureté de ton âme.
Ne laisse pas la noirceur des autres assombrir ton cœur et encore moins affaiblir ta foi.

Le bien que tu sèmes te reviendra.
Ton Seigneur te voit.
De ce fait, ne t'inquiète pas.

Que Le Très-Haut te permette de ne faire que du bien.
آمين

Il existe des personnes qui savent voir avec leur âme et non avec leurs yeux.
Leurs paroles viennent du cœur et non de la langue uniquement.
Cultive la douceur dans tes mots et sème le parfum du bien.

Que Le Tout-Puissant puisse être satisfait de toi, de celle que tu es.
آمين

Assia Slimani

Quoi que l'on puisse te certifier, le cours de ta vie ne dépend que de ce qu'Allah a décidé.
On ne cessera de t'inciter à prendre des chemins qui ne sont pas les tiens, à proférer des paroles qui ne te correspondent pas et à prendre des décisions qui ne sont pas en mesure d'être prises.

Ne crains pas de te détacher de ce qui ne te convient pas.
Sois la personne que tu veux être, celle que tu aspires à devenir.
Tu en as le pouvoir et la capacité !
Tu dois juste le comprendre et l'accepter.

Ne gâche pas cette beauté qui somnole en toi.
Laisse-la fleurir pour te rendre resplendissante.

Que Le Seigneur embellisse ton cœur.
آمين

On a tendance à mettre de côté celle qui nous accompagne tout au long de ce voyage qu'est la vie.
Accorde une dose de tendresse à ton âme.
Donne-lui ce que tu aimerais que les autres te donnent sans attendre quoi que ce soit de qui que ce soit.
Il t'incombe de faire les causes afin de changer ta situation et de trouver la paix.

Qu'Allah ouvre à ton âme les portes du repentir afin que tu puisses partir avec la bonne nouvelle de Son Paradis et qu'Il accepte de t'accueillir.
آمين

Assia Slimani

Il est Celui qui fera taire le vacarme qui règne dans ton cœur.
Il est Le Seul à pouvoir apaiser totalement ton âme de tous les maux de cette vie.
Il ne cessera de t'aimer tant que tu L'aimes en retour.
Il est Celui qui te protégera de ceux qui souhaitent ton malheur ; tant que tu t'en remets à Lui, tu n'as rien à craindre.

Ne cesse jamais d'être reconnaissante envers Lui de tous les bienfaits qu'Il t'octroie ainsi que de la sécurité qu'Il t'offre.

Que Le Très-Haut fasse régner l'amour envers Lui dans ton cœur.
آمين

Il t'a aimée avant que tu ne naisses,
Il t'aime encore aujourd'hui et t'aimera demain de Sa grâce immense.
Il est Celui qui redonne vie à ton cœur comme une étincelle de lumière dans une nuit noire, l'espoir lorsque vient le vacarme et l'amour quand Ses créatures tentent de te briser.
Je prie pour que ton cœur et ton âme soient emplis de Son amour.

Qu'Allah t'accorde tout Son amour et que personne ne vienne éteindre la lumière qui est tienne.
آمين

Ta sœur Farrah, avec tout son amour.

Et même lorsque ton âme semble se briser, ne cesse de garder espoir, car Ton Seigneur ne t'éprouve que pour un bien.

Il ne t'éprouve jamais au-delà de tes capacités. Les peines que tu as surmontées ne feront que raviver la beauté de ton âme.

Elles ne sont pour toi qu'une douleur passagère. Tu es pleine de bonté, ne laisse aucune blessure t'en détourner.

Invoque-Le, Il t'apaisera.

Que Le Seigneur des Mondes apaise tes blessures les plus profondes et élève ton âme au plus haut degré de Son Paradis.
آمين

Je prie pour que chaque parcelle de ton âme se reconstruise de la meilleure des façons, que chaque fissure de ton âme trouve son charme et sa force lorsque tu y vois un défaut.

Je prie pour toi, car on m'a appris l'amour d'Allah avant tout sentiment vain.

Qu'Allah élève ton âme.
آمين

Farrah

Lorsque tu prends la parole, veille à ne dire que du bien.
Autrement, le silence est meilleur conseiller.
Les mots nous échappent si facilement et pourtant, leurs conséquences peuvent être désastreuses.
Prends soin de ce bout de chair qu'est ta langue, cela pourrait sauver beaucoup de cœurs déjà endoloris.

Ton Seigneur t'a certes enseigné la bienveillance, ainsi que la fraternité.
Chacun a un rôle à jouer.
À ton tour de soulager tes sœurs par des paroles réconfortantes emplies d'amour et de bonté.

Un jour, ce sera toi qui en auras besoin,
aimerais-tu qu'une sœur le fasse pour toi ?

Que Le Très-Grand adoucisse ta langue.
آمين

Ne laisse pas les mots ou les gestes te blesser.
Ne laisse pas les épreuves te tuer, car certes,
Allah éprouve ceux qu'Il aime.
Sois endurante et apprends à encaisser,
car la récompense est au-delà de tes espérances.
Et même si tu te sens seule, tu ne le seras jamais vraiment.
Le Puissant, Le Majestueux, Le Glorieux est à tes côtés et crois-moi, tu n'as besoin de rien de plus que Lui.

Que Le Seigneur apaise ton cœur d'innombrables douleurs.
آمين

Anonyme

Connais-tu la véritable valeur de la patience ?

Si les êtres humains connaissaient réellement sa valeur, ils ne se lasseraient jamais de patienter.
Ils imploreraient leur Seigneur d'allonger leurs épreuves afin que leur patience soit davantage sollicitée.
Faire preuve de patience permet à l'âme de s'éduquer.
Puis, plus la patience est longue et plus la récompense sera importante.
Ce n'est qu'un des nombreux bienfaits que ton Seigneur t'octroie.
Apprends à l'apprécier, cela ne pourra que t'aider.

Que Le Très-Grand t'accorde une grande patience.
آمين

Patience, un mot si doux qui te permet à tout instant de ta vie d'être sereine.

C'est une véritable force, accessible à tout le monde, qui se travaille tout au long de sa vie.
La patience demande du courage et je suis persuadée qu'au fond de toi, tu détiens ce courage en grande quantité.

Tout remettre à Allah, faire les causes, demander Son aide et patienter.
Chaque chose constituant notre vie a été décrétée par Lui et tout se passera comme Il le veut.

Prends soin de ton âme, éduque-la vers la droiture, apprends-lui à patienter et à endurer afin de la rendre plus forte et solide par la permission du Tout-Puissant.

Qu'Allah t'accorde la patience et le courage de surmonter tes épreuves.
Amin

A., ta sœur qui t'aime en Allah.

Il y a dans le cœur un vide qui ne peut se remplir
que de l'amour envers ton Créateur.
Tant que tu ne Lui accordes pas Son dû,
ce sentiment ne pourra s'estomper.

Plus tu t'éloigneras de Lui, plus il y a de chances
que ton cœur s'endurcisse.
Il est Celui qui te sauve de la détresse pour
t'accorder la tranquillité.

Les croyants ne désespèrent pas de Sa
miséricorde et espèrent la bonne fin.
Sois parmi les dévoués qui ne s'en remettent qu'à
Lui.
Le long fleuve qu'est ta vie, s'apaisera petit à
petit.

Qu'Allah te rapproche de Lui autant que possible.
آمين

Lis Ses mots lorsque tu sens ce vide.
Écoute Ses paroles lorsque tu sens ton cœur se déchirer à l'évocation de souvenirs.
Il te sauvera de tes peines et de tes larmes.

Ça ira mieux, ne t'inquiète pas.
Ne baisse pas les bras, Allah est avec toi.
Il est avec les endurants et ceux qui croient fermement en Son existence.

Ne sois pas de ceux qui ne croient plus, mais de ceux qui croient d'autant plus.

Qu'Allah nous réunisse au plus haut degré du Paradis.
آمين

Anonyme

Ô douce âme éprouvée,
Sers-toi de cette tristesse pour rendre les autres heureux.
Tu es la mieux placée pour savoir ce que tu aimerais entendre ; transmets-le à ton tour.
Tu feras probablement beaucoup de bien, peut-être que tu seras même une cause d'apaisement à travers tes mots.
Ainsi, ton Seigneur te récompensera pour ce joli trésor que tu offres : réconforter ta sœur en Allah.

N'est-ce pas un merveilleux cadeau que de soulager la peine d'un croyant ?

Patience... Ton Créateur fera de ta tristesse une grande joie et t'offrira certainement Son Paradis tant que tu t'en remets constamment à Lui.

Que Le Très-Miséricordieux fasse de ta tristesse une expiation de péchés et te permette d'être une cause d'apaisement pour tes sœurs.
آمين

Ma sœur fiLlah,

Je sais à quel point ton cœur cogne et pleure.
Je sais comme tu te sens si seule, peut-être même délaissée par ton Créateur.
Mais n'oublie pas une chose : Il t'aime si fort, et je sais que toi aussi.
N'arrête pas de briller.
Montre à ton Seigneur ta reconnaissance et Il te donnera ce que tu souhaites.

Il t'a choisie, Il t'a guidée vers le droit chemin.
Tu fais partie de ceux qu'Il aime.

Ne Lui donne pas l'occasion de t'égarer et s'il te plait, ne remets pas les choses au lendemain.
Prie, prie, prie ton Seigneur.
Tu peux être rappelée à tout moment.

Que Celui qui répond à l'appel des nécessiteux et des désireux exauce tes prières.
آمين

Anonyme

Toi qui me lis, sache que la délivrance est proche. Avec l'aide d'Allah, tu es capable de surmonter n'importe quelle épreuve, n'importe quelle douleur, n'importe quelle peine.
En te rapprochant de ton Seigneur, tes problèmes seront moins lourds à porter et tu vivras tes épreuves en ayant la conviction qu'Allah est avec les endurants et qu'Il t'aime.

Cette vie d'ici-bas est faite de tests pour préparer notre demeure dans l'au-delà. À toi ma sœur d'être forte et d'avoir l'amour d'Allah dans ton cœur.

Tout ce que tu fais, fais-le pour Allah avant tout, pour ta foi. Fais le bien autour de toi et ce bien te sera récompensé par Sa permission.
Efforce-toi d'être optimiste et ne laisse pas certains wasawis envahir ton esprit, tu es plus forte que cela.
N'oublie pas que le bonheur réside auprès d'Allah.

Qu'Allah remplisse ton cœur de joie et d'apaisement.
آمين

A. Ta sœur qui t'aime en Allah.

Dans cette vie d'ici-bas, tu devras toujours faire preuve de courage et de bienveillance.
Sois courageuse face à toute épreuve.
Ne perds jamais espoir, ni patience.

Et tu sais que Lui est là, près de toi et qu'Il ne te lâchera jamais.
Garde confiance en Lui et aie toujours une bonne opinion de Lui.

Sache que derrière chaque chose se cache un bien.
Accepte le destin qu'il soit bon ou mauvais et dis Al hamduliLlah pour tout.

Reste bienveillante quoi qu'il arrive !
Être mauvaise noircit les cœurs et ne fera du mal qu'à toi-même.
Cela amène sheytane vers toi et ton cœur ne pourra pas supporter tout cela.
Tandis qu'être bienveillante apaise ton cœur et celui des autres.

Réponds au mal par le bien.
Ne t'inquiète pas, ta bienveillance sera vue auprès d'Allah et tu en seras récompensée.
Et c'est tout ce qui compte ; seul Son point de vue compte et comptera dans l'au-delà.
Fais-le pour Lui.

Aie du courage face à tout cela, sois forte et tiens le coup.
Je t'assure que cela vaut le coup, tu n'imagines pas tout ce qu'il t'attend In shaa Allâh.

Qu'Allah te donne la plus grande des récompenses pour ta patience, ton courage et ta force. Prends soin de ton cœur, sois courageuse et bienveillante.
آمين

Nous ne sommes ni savantes, ni étudiantes en sciences. De ce fait, nous avons voulu éviter de rentrer dans les détails dans nos paroles, car nous n'avons pas les connaissances religieuses nécessaires.
Nous avons quand même voulu vous transmettre certaines paroles qui pourraient être une cause d'apaisement de vos cœurs.

J'espère qu'à travers ce livre, de nombreuses âmes trouveront un certain réconfort, c'est tout ce que je souhaite.
Je vous aime en Allah mes sœurs, et même si l'on ne se connaît pas, prenez soin de vous.

P-S : Celles qui ne me connaissent que par le biais de ce livre, n'hésitez pas à jeter un coup d'œil à mon premier ouvrage : *« Apaise ton cœur et fleuris ton âme »* qui retrace le témoignage de ma dépression et plus encore...

Bien à toi,

Lilya B.F | @douceurandsabr_

Lilya B.F
Contactprolbf@gmail.com

Service de correction | Réécriture, relecture et correction
servicedecorrection1@gmail.com

Mise en page et correction
oumma-correction@outlook.fr

Printed by Amazon Italia Logistica S.r.l.
Torrazza Piemonte (TO), Italy

39288262R00091